U1010675

押加运动教学与训练

张怀川 著

北京体育大学出版社

策划编辑　李志诚
责任编辑　仝杨杨
责任校对　原子茜
版式设计　联众恒创

图书在版编目（CIP）数据

押加运动教学与训练 / 张怀川著. -- 北京 : 北京体育大学出版社, 2022.12
ISBN 978-7-5644-3786-2

Ⅰ. ①押… Ⅱ. ①张… Ⅲ. ①藏族—民族形式体育—运动训练—教学研究—高等学校 Ⅳ. ①G852.9

中国版本图书馆CIP数据核字(2022)第258341号

押加运动教学与训练
YAJIA YUNDONG JIAOXUE YU XUNLIAN　　张怀川　著

出版发行：北京体育大学出版社
地　　址：北京市海淀区农大南路 1 号院 2 号楼 2 层办公 B-212
邮　　编：100084
网　　址：http://cbs.bsu.edu.cn
发 行 部：010-62989320
邮 购 部：北京体育大学出版社读者服务部 010-62989432
印　　刷：北京建宏印刷有限公司
开　　本：710mm × 1000mm　1/16
成品尺寸：170mm × 240mm
印　　张：5.25
字　　数：78 千字
版　　次：2022 年 12 月第 1 版
印　　次：2022 年 12 月第 1 次印刷
定　　价：36.00 元

（本书如有印装质量问题，请与出版社联系调换）
版权所有 · 侵权必究

前 言

民族传统体育文化作为体育文化的一个重要组成部分，是一种带有民族特点的文化形式，也是一种颇具传统色彩的文化形态。押加运动是我国少数民族传统体育中开展、推广较早，较具代表性的竞赛项目。早在 2011 年，由北京市民族宗教事务委员会、北京市民族团结进步促进中心牵头，北京体育大学组织出版了民族传统体育系列教材。该系列教材包含了全国少数民族传统体育运动会中设立的部分竞赛类项目和表演类项目，我与导师李铁录教授负责押加运动项目教材的编写。在此基础上，本书依托北京体育大学民族传统体育基地押加专项队的建设和学校校本课程的开展经验，就押加运动项目的可持续性发展进行了实践研究。本书结合不同性别、不同年龄层次人才的学习特点，强调理论与实践相结合，突出了普及性、创新性、实操性和教育性。

由于时间有限，书中难免有疏漏和不足之处，恳请读者不吝赐教。

张怀川

2022 年 8 月

目　录

第一章　押加运动概论

第一节　押加运动的起源与发展

一、押加运动的起源

押加运动，起源于我国藏族地区，藏语称“浪波聂孜”，又称藏式拔河。在藏语里，“押”是“拉”的意思，“加”是“脖子”，顾名思义，“押加”就是“用脖子拔河”。押加运动至今已有百余年的历史。

藏族是中华民族大家庭的成员之一。2021 年，我国藏族总人口约 706 万，主要分布在西藏自治区、青海省、四川省、甘肃省、云南省等地，其中西藏自治区是藏族的主要聚居地。从公元 6 世纪有文字记载算起，藏族人民光辉灿烂的历史文化至今已有近 1500 年，它是藏族人民长期积累的才能与智慧的结晶，也一直为世人所瞩目。近百年来，许多国家的学者对藏族的历史、文化等方面进行了研究，一些国家近些年还成立了专门研究“藏学”的机构。正确理解藏族文化，既要认识地理环境、经济形态、民族构成及宗教信仰等方面对于藏族文化发展所产生的重要作用，又要注意到周边相邻文化的传播、融合对藏族文化发展所产生的影响。藏族人民视大象为吉祥之物，并且崇尚大象的力大无穷。押加运动形如大象，实为拔河，故此项运动俗称“大象拔河”，也成为藏族人民非常喜爱的一项体育活动。押加运动广泛流传于西藏自治区、青海省、四川省、甘肃省、云南省等藏族聚居地，是历史悠久的藏族民间体育运动。押加运动形象有趣，具有浓郁的民族气息，能够充分展现藏族人民粗犷、豪放、坦诚的性格。

押加运动在一块平地上就可以开展。先在平地上长度大于 9 米的赛道中间画一条中线，再在中线两侧距离适当处各画一条平行线作为河界（即决胜线），准备一条长度大于 6 米的抗拉性强的绳子或布带作为押加带，并将两端打结，两端各形成一个圆圈，这样就具备了开展押加比赛的基本条件。参赛双方各自把押加带套在脖子上，两人相背，将押加带经过胸腹部从胯下穿过，运动员俯撑于地面，押加带中间系一红布作为标志，垂直于中线。听到比赛开始的口令后，两人向各自前方爬进（爬进动作似大象在森林中拖拉圆木的动作），用腿、腰、肩、颈的力量拖动押加带奋力向前爬，将红布拉过本方河界的一方为胜利者。

二、押加运动的发展

押加运动是在西藏自治区特殊的自然环境和独特的民族生活习俗基础上产生的，它以独特的形式世代相传，深受广大藏族群众的喜爱，具有深厚的群众基础。近 30 年来，这项运动进入了快速发展期，认识、接触和喜爱押加运动的人越来越多。

押加运动在第一届至第五届全国少数民族传统体育运动会中为表演项目，直到 1999 年第六届全国少数民族传统体育运动会，押加运动才被列为正式比赛项目。

每逢节假日，藏族地区普遍会举行押加比赛。平日农牧闲暇时，在牧场上，在田间，人们相互把两条背带或腰带连在一起，以游戏的形式开展押加运动。正因为押加运动的基本技术、比赛规则容易理解，场地设备比较简单，所以它方便练习，适宜普及推广。押加运动不受性别和年龄的限制，男女老少都可以参与，因此它可以吸引更多的群众来参加。（图 1–1）

在民族院校，押加运动也是很受学生喜爱的一项民族传统体育项目。学生经常组织各种规模的押加比赛，甚至在课外活动、课间休息时也经常开展押加运动。虽然押加比赛可进行单人、双人或多人比赛，不同的比赛对参赛人数有不同的要求，但都要求快速起动，利用腿、腰、肩、颈的力量拉动对方。这些动作对于发展身体各器官机能，增强体质；促进健康，锻炼力量、速度、灵敏及耐力等身体素质，都能起到良好的作用，同时可以培养勇敢、

图 1-1　押加比赛

顽强、克服困难的作风和团结协作的集体主义精神。目前，在全国少数民族传统体育运动会上，押加比赛按参赛运动员的体重分为 55 公斤级、61 公斤级、68 公斤级、76 公斤级、85 公斤级、95 公斤级、110 公斤级和 110 公斤以上级 8 个级别。

目前，在北京体育大学，押加运动深受师生的喜爱，项目的发展也逐渐规模化、系统化。2005 年，北京体育大学田径学院开设了押加运动的普修课和全校选修课；2015 年，北京体育大学成立了押加社团，定期组织项目表演和推广。（图 1-2 至图 1-4）

图 1-2　押加运动户外课程场地

图 1–3　押加运动课程技术练习

图 1–4　押加运动

第二节　押加运动项目特点

一、项目特点

押加运动是以肌肉收缩做功获得效能为主，推动人体产生位移的运动项目，其竞赛需要练习者具有良好的力量素质（绝对力量和力量耐力），并对速度、协调和灵敏等素质都有较高的要求。因此，爆发力是此项目运动员选材的重要指标之一。

二、能量代谢特点

在押加比赛开始的瞬间，运动员双脚、双手快速发力，用腿、腰、肩、颈的力量拖动押加带奋力向前爬。在比赛过程中，运动员要不断地加速、变速和采用爆发性用力动作，也可能出现比赛双方对峙的状况。这种运动模式决定了比赛时的能量代谢特点是有氧代谢和无氧代谢混合供能。

三、可参与性

押加比赛场地和器材经济、简单，参赛者无须经过专门训练便可参与，因此押加运动易于开展和普及。在高校开展押加运动，对丰富学生的文化、体育、娱乐活动和促进学生生理、心理、体能等全面发展具有积极作用。

第三节　押加运动健身意义

押加运动需要四肢着地进行爬行锻炼。爬行锻炼有利于提高人的协调能力、本体感觉等，促进骨骼与肌肉的发育，改善大脑和心脏的血液循环，使下肢的血液循环畅通，使身体的重量分散到四肢，减轻腹肌及脊柱的负担，预防腰肌劳损和因脊柱负担过重而导致的脊柱病。爬行锻炼能调整血液循环和血液分配，减轻心脏和脊柱的垂直负荷，对防治心脑血管疾病、内脏下垂、脊柱慢性疾病等有帮助。

例如，巴西老年病治疗专家查尔沃医生创办了“爬行俱乐部”，在老人中掀起了一阵“爬行热”。那些患有心血管疾病、痔疮、消化功能紊乱、失眠症等的老人纷纷在卧室的地板上进行爬行锻炼。爬行锻炼使人的四肢得到锻炼，大脑的平衡能力、协调能力得到进一步发展，四肢的协调动作以及全身各关节的运动都得到改善。可以说，爬行锻炼对练习者全身的骨骼、关节、肌肉和内脏各器官都有益处。

第二章　押加运动技术

第一节　准备阶段技术

一、男子准备阶段技术

运动员成站立位，将押加带套在脖子上，挺胸抬头，双手拉住押加带，将两侧押加带压住双侧肩峰，贴住胸部、腹部外侧并向下拉紧从胯下穿过，保持押加带在身体上有明显的紧缚感，以头颈部位能够放松地活动为宜。（图 2–1、图 2–2）

图 2–1　男子准备阶段技术（正面）

图 2–2 男子准备阶段技术（侧面）

二、女子准备阶段技术

运动员成站立位或跪姿，将押加带套在脖子上，挺胸抬头，双手拉住押加带，将两侧押加带压住双侧肩峰，贴住胸部、腹部外侧并向下拉紧从胯下穿过；上下调整身后保护带于身体腰部适宜的位置，左右调整保护带并收紧，使押加带能够贴敷于胸部、腹部外沿和腹股沟位置，并保持押加带在身体上有明显的紧缚感，以头颈部位能够放松地活动为宜。（图 2–3、图 2–4）

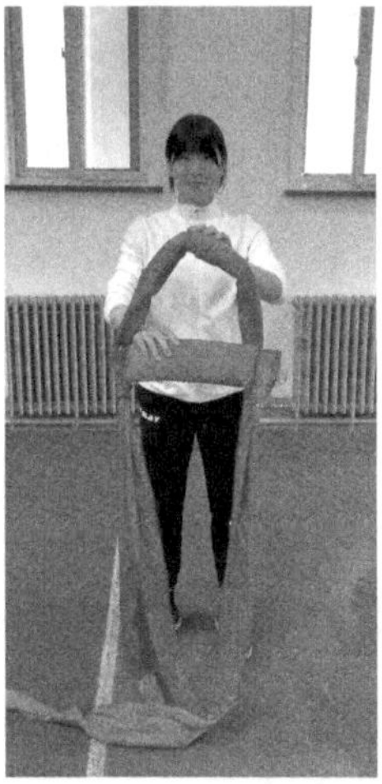

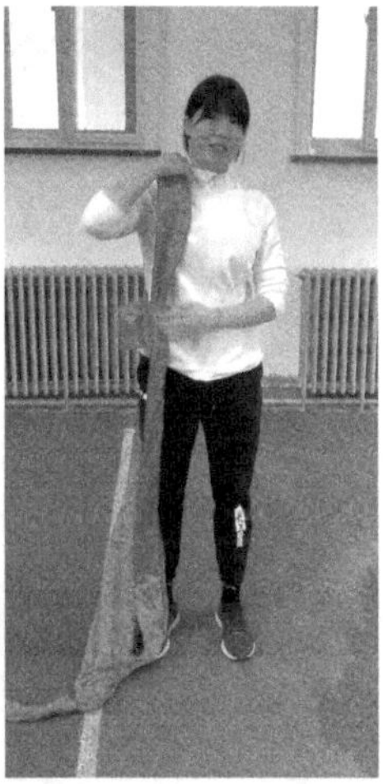

图 2–3 女子准备阶段技术（正面）

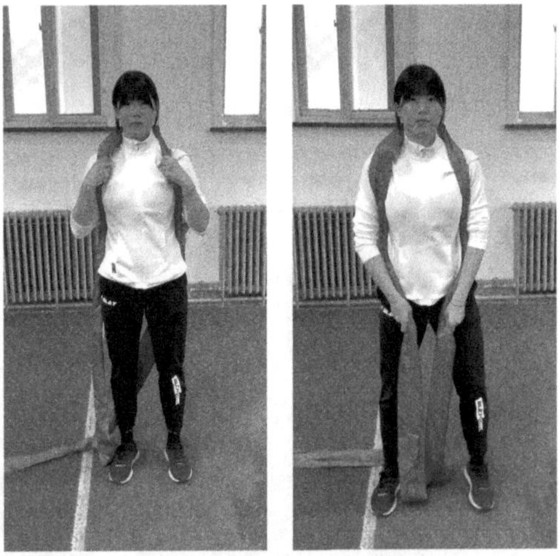

图 2-3　女子准备阶段技术（正面）（续）

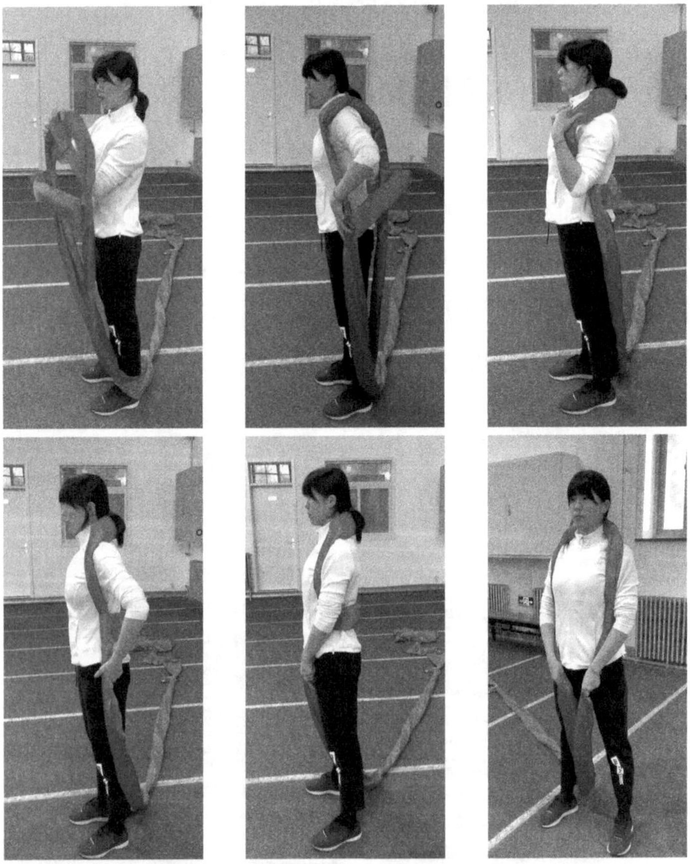

图 2-4　女子准备阶段技术（侧面）

第二节 预备阶段技术

一、男子预备阶段技术

准备阶段完毕，运动员双方相背迅速进入预备阶段，保持押加带处于紧绷状态，然后俯身趴下，双手、双膝、前脚掌着地，将押加带拉直绷紧，押加带中心标志物垂直于中线。当听到“预备”口令时，运动员俯撑于地面，重心慢慢抬起，双膝离地，两手十指分开稳稳地扒住地面，双腿弯曲，两脚左右分开，与肩同宽，保持两脚尖向前侧方的基本姿势并调整好身体重心。同时，押加带两端的圆环分别套在双方运动员的颈部，押加带经胸前从两腿中间经过。双方运动员身体距中线最近点的距离应该相等，运动员向各自的前方用力处于稳定状态后进入开始比赛的预备姿势。（图 2–5）

图 2–5 男子预备阶段技术

二、女子预备阶段技术

运动员完成准备阶段动作后，背向迅速进入预备阶段，保持押加带和背部保护带处于紧绷状态，然后俯身趴下，双手、双膝、前脚掌着地，将押加带拉直绷紧，押加带中心标志物垂直于中线。当听到“预备”口令时，运动员俯撑于地面，重心慢慢抬起，双膝离地，两手十指分开稳稳地扒住地面，双腿弯曲，两脚左右分开，与肩同宽，保持两脚尖向前侧方的基本姿势并调整好身体重心。同时，保护带固定腰部，保持押加带紧贴于胸部、腹部外侧和腹股沟，从两腿中间经过。双方运动员身体距中线最近点的距离应该相等，运动员向各自的前方用力处于稳定状态后进入开始比赛的预备姿势。（图 2–6、图 2–7）

图 2–6　女子预备阶段技术（正面）

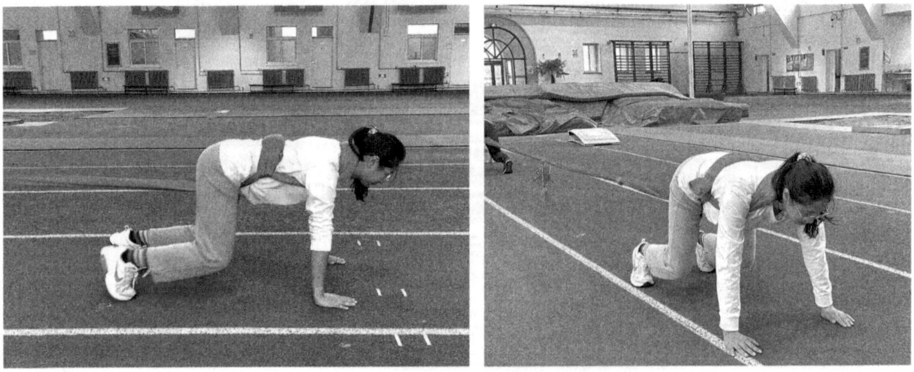

图 2–7　女子预备阶段技术（侧面）

第三节 发力阶段技术

一、男子发力阶段技术

当听到比赛开始的口令后，运动员双脚快速发力蹬地，同时腰、腹用力，双手用力撑地向前方顶肩，肩颈部紧张，头向前顶。用腿、腰、肩、颈及手臂的力量向前爬拉，此时臀部略高于双肩平面，重心向前形成一个俯冲的爬行用力姿势，发力并控制稳定住身体后，脚缓慢抬起向前爬行迈步，所迈步幅的大小取决于阻力大小，同时保持躯干稳定，手臂向前移动配合脚步前移。（图 2–8 至图 2–10）

图 2–8 男子发力阶段技术

图 2–9 后脚跟低支撑姿势

图 2-10　后脚跟高支撑姿势

二、女子发力阶段技术

当听到比赛开始的口令后，运动员躯干收紧，颈部保持放松，支撑点同时发力，保持身体稳定以对抗阻力，同时四肢进行同顺爬行或对称爬行，每一步的幅度不宜过大。（图 2-11 至图 2-13）

图 2-11　女子发力阶段技术

图 2-12　同顺爬行

图 2-13　对称爬行

第四节　相持阶段技术

比赛开始后，如果不能快速决出胜负，比赛将进入相持阶段。在相持阶段特定时间内，运动员的技术、力量、耐力和寻找发力时机后的反应速度至关重要。运动员需要保持核心区域的稳定，以双手、双脚作为末端支撑点，最大限度地保持与地面的摩擦力；眼睛要通过胯下观察对方的脚步，并通过押加带感受对方力量的大小。当看到或感受到对方的脚步开始移动或调整重心时，运动员应抓住机会迅速发力。（图 2–14）

图 2–14　相持阶段技术

第三章　押加运动基本战术与决胜因素

第一节　押加运动基本战术

参赛者要从心理上及气势上压倒对方，并争取在比赛开始的瞬间抢占先机，在相持阶段保持冷静、心细，能够运用抢先进攻、防守反击等基本战术。

一、体重控制

根据情况选择参赛级别。押加比赛按运动员的体重分不同的级别，因此根据运动员特点选择参赛级别是获胜的前提条件。原则上，参赛级别应与运动员实际体重相当，遇特殊情况需要跨级别参赛时，运动员要提前采取增体重或减体重的措施，但增减体重的幅度不应过大。

二、抢先进攻

抢先进攻战术是在比赛开始前，注意观察，找出对手的弱点，先发制人，从基本姿势（预备式）开始就在气势上压制对方，当裁判员发出比赛开始的信号后，抢先发力，破坏对方的基本姿势，在对方忙于调整、尚未组织起有效的抵抗时，一鼓作气，在进攻移动技术的配合下，连续发力，乘胜追击，直到获得胜利。

三、防守反击

防守反击战术是在比赛开始后，不急于展开进攻，而是在充分了解对手的基本实力后，利用防守技术从思想上麻痹对方，消耗对方的体力，同时调整好自己的基本姿势，在对手移动重心时抓住机会发力反攻，配合进攻移动技术获胜。

第二节　押加运动决胜因素

一、形态特征

形态特征表现为运动员肌肉强壮且有力量。

二、力量特征

力量特征表现为肌肉爆发力强、肌肉耐力好等。运动员可通过深蹲等练习提升力量素质。

三、平衡能力

平衡能力指利用小脑的平衡功能以调节四肢，保持身体尽可能少地摇晃，从而保持身体的稳定。

四、协调能力

押加运动属于全身运动，脚、腿、腰、肩、颈和上肢肌肉都参与运动。爬行时，运动员需要昂头、挺胸、抬腰。其上、下肢除了要支撑身体之外，还要推动重心尽可能平稳地向前移动，没有身体动作的高度协调一致是不会取得好成绩的。

五、本体感觉能力

在比赛的整个过程中，运动员需要通过押加带感受对手的用力，以综合判断对方脚步的移动和重心的调整。更为重要的是，爬行过程本身也需要有灵敏的本体感觉。

六、手眼行动环路

在比赛的相持阶段，运动员要用眼睛通过胯下观察对方的脚步来判断对方的情况，因此需要运动员有效提高手眼行动环路方面的能力。

七、心理素质

押加运动员还要具备较好的心理素质，注意力要高度集中且相对稳定，能够审时度势，发力果断。

八、体重水平

由于押加比赛要求每名运动员只能参加自己体重所属级别的比赛，因此，在比赛前和比赛期间解决好运动员的体重问题也是很关键的工作。一般来讲，同一级别中运动员的体重越大，比赛对抗越有利。

第四章　押加运动教学

押加运动教学是推广和普及这项运动行之有效的途径。押加运动教学的任务是让更多的学生了解、掌握这项运动，热爱这项运动，达到推广和普及的目的。押加运动的器材简单、制作方便，它寓教于乐，在教学中学生容易产生兴趣。押加运动教学阶段分为诱导押加动作、巩固押加动作、建立押加动作模式、优化押加动作模式等阶段；教学过程效仿田径各项目力量素质练习组织形式进行；教学方法丰富多样，如直观教学法、启发式教学法等；教学手段由单一到多元化、由稳定到非稳定、由近端到远端等，以达到相应的教学目标——培养学生独立思考的能力和团队协作能力，培养学生克服困难的意志品质，提高学生的竞赛能力。

第一节　押加运动教学内容

一、了解押加运动

（1）结合技术图片、影像、示范等讲解押加运动的起源、技术特点、场地、规则和裁判方法等。

（2）介绍押加带的材料、结构和制作方法。

（3）根据学生的体重、身体形态、身体素质等合理安排技术和战术教学。

（4）教授站位和佩戴押加带的方法。

教学过程中需要注意的事项如下。

（1）在正式开始押加运动练习之前，对学生讲解和说明押加运动的起源、锻炼价值、技术特点等，使学生对押加运动有一个初步的了解，并对该项目产生一定的学习兴趣。

（2）学生需要着重了解在押加运动练习过程中可能会出现的一些危险，掌握自我保护的方法以及避免出现伤害事故，并掌握急救措施。

（3）应该给初学者提供押加保护带等。

二、押加运动技术教学

（一）准备技术

（1）选择适宜的准备姿势（如站姿或跪姿），将押加带带环装有海绵垫的位置套在颈后，双手各拉押加带一端向下拉紧，使押加带紧贴于身体肩峰。（图 4–1、图 4–2）

（2）抬头挺胸，双手顺势往下，将押加带贴紧身体躯干，胸部、腹部外侧，使其从胯下穿过，此时双手仍然固定住押加带并将其放于身体躯干两侧。

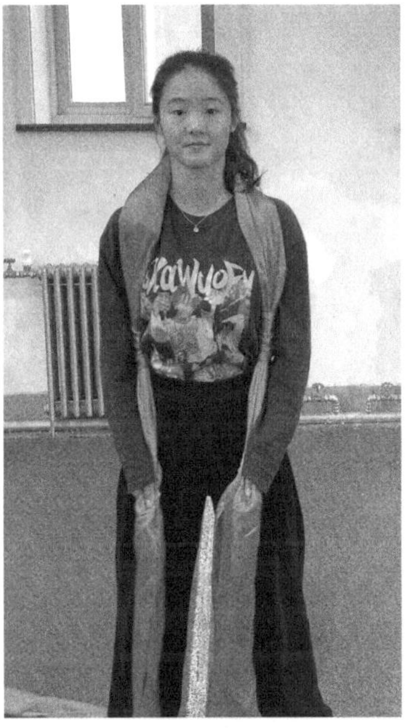

图 4–1　准备技术（站姿）

图 4–2　准备技术（跪姿）

（二）预备技术

（1）准备完毕，从胯下穿过押加带并始终保持一定拉力，抬头挺胸，缓慢俯下身体，双手触地。

（2）双手和双脚之间保持适宜间距，挺胸，保持腰背部绷紧，躯干与地面平行。（图 4–3、图 4–4）

通常，预备技术有两种姿势：①双脚前后分开支撑，髋部略高于肩部；②双脚平行分开支撑，髋部与肩部平行。

图 4–3　预备技术（站姿）

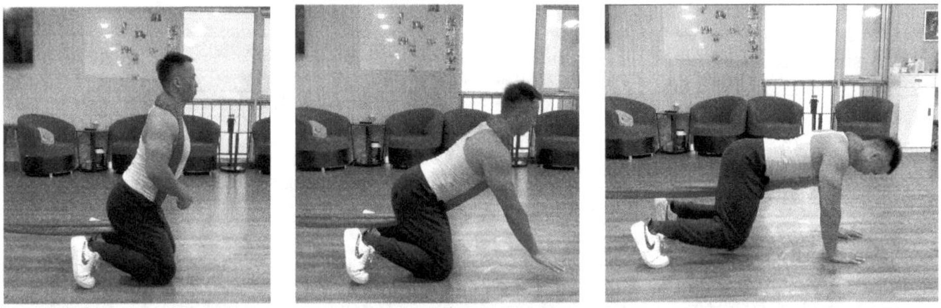

图 4–4　预备技术（跪姿）

（三）发力技术

四点支撑，保持躯干稳定，并与地面保持最大摩擦。收到开始信号后，迅速发力蹬伸。此时会受到阻力，应积极挺胸，肩部向前顶。（图 4–5、图 4–6）

图 4–5　双脚平行支撑发力技术

图 4–6　双脚前后支撑发力技术

（四）相持技术

当双方实力比较接近，第一时间无法决出胜负或取得绝对优势时，就会进入相持阶段。此时，练习者应始终保持身体躯干的核心稳定性，重心持续保持前倾，双脚、双手紧紧扒住地面，依据阻力的大小和阻力的方向来源，采用适宜的技术。

三、押加运动教学中常见错误动作、产生原因及纠正方法

押加运动教学中常见错误动作、产生原因及纠正方法见表 4–1。

表 4–1　押加运动教学中常见错误动作、产生原因及纠正方法

常见错误动作	产生原因	纠正方法
押加带固定在颈椎上	对准备阶段、预备阶段技术理解错误	观看录像和技术图片，让练习者建立正确的技术动作概念

续表

常见错误动作	产生原因	纠正方法
长时间低头	对准备阶段、发力阶段技术理解错误	反复练习准备阶段技术，体会发力阶段发力特点，进行抗阻力练习，体会发力顺序，反复练习放松颈部的技术动作
弯腰弓背	双手、双脚之间支撑间距错误，双膝与地面高度不适宜，俯身后上肢技术不规范	反复练习各阶段技术；养成挺胸抬头的习惯，强调髋部和肩部之间平面角度差不能过大
脚滑，不容易扒住地面	四点支撑与地面接触的角度错误，踝关节支撑角度错误	排除场地条件因素；保持鞋底与活动地面的表面清洁；强化运动员后腿的柔韧性，调整踝关节与地面之间角度，前脚掌接触地面面积越大越好

第二节　押加运动教学趣味比赛

日常的押加运动教学以趣味比赛为主，一般有颈力比赛、腰力比赛、手力比赛、双人（多人）比赛等。

一、颈力比赛

颈力比赛可分为坐姿比赛和站姿比赛两种形式。坐姿比赛的方法是参加比赛的两人，相对坐在平地上，两腿伸直，双脚相抵，把打结的押加带套在颈部或脑后，躯干与腿成 90 度角，将押加带拉直（押加带可用其他类型绳带代替）。当听到比赛开始的口令后，双方都以脖颈用力，想方设法把对方拉向自己一侧。哪一方的臀部先离地，即被判为失败。比赛时双方不能用手抓押加带和用手撑地，否则视为犯规。

站姿比赛的方法是参赛两人面对面站立，把打结的押加带套在颈部或脑后并将押加带拉直（押加带可用其他类型绳带代替），两脚站立方法不限。当听到比赛开始的口令后，双方用颈部力量向后拖拉，谁先把对方拉动即获胜。比赛时双方不得用手抓押加带。（图 4–7）

图 4–7 颈力比赛

二、腰力比赛

腰力比赛的方法是把打结的押加带套在比赛双方的腰部进行拔河比赛。双方面对面站立或者背对背站立，押加带套在双方的腰部或腹部拉直（押加带可用其他类型绳带代替），手放的位置和脚的动作及站位不限。当听到比赛开始的口令后，双方利用下肢和腰部力量向后拖拉，谁先把对方拉动即获胜。在面对面比赛时，比赛双方不能用手抓押加带；在背对背比赛时，比赛双方可以用手抓押加带，甚至可以用手助拉。（图 4–8）

图 4–8 腰力比赛

三、手力比赛

手力比赛是用手抓押加带进行的拔河比赛，可分为单项手力比赛和集体手力比赛两种形式。单项手力比赛简单易行，两人对拉，胜负较易决定。集体手力比赛有男对男、女对女和男女混合赛等形式，比赛时不易分出胜负，队员一般在指挥员的合理指挥下协同作战，在观众热烈的助威声中完成比赛。（图 4–9、图 4–10）

图 4–9　手力比赛（同向手）

图 4–10　手力比赛（对向手）

四、双人（多人）比赛

双人（多人）比赛的方法按照押加的竞赛形式和竞赛规则进行，也称为双人押加、混双押加、押加团体赛。比赛时，把多条押加带从中间交叉对折，形成双人或多人可参与的竞赛押加带。赛道长 9~10 米，宽 3~3.5 米。参赛双方俯身，双手、双脚四点支撑，背向角逐，将中心标志物拉过河界即获胜。比赛时限内双方任何一名选手的双手都不能同时离开地面超过 3 秒，否则视为技术犯规。（图 4-11 至图 4-13）

图 4-11　男子 2 对 2

图 4-12　女子 2 对 2

图 4-13　男子 1 对 2

第三节　押加比赛规则

押加比赛是由两名运动员在比赛场地上，将一条押加带分别套于颈部（带子从两腿间通过），四肢着地并背向对方，向自己的前进方向用力，以一方将置于两者之间的中心标志物拉过自己一侧的决胜线为胜利。

一、比赛场地、器材

押加比赛应在平整的硬质地面上进行。比赛场地为长方形，长9米、宽2米。场地的丈量从界线的内沿量起。（图 4-14）

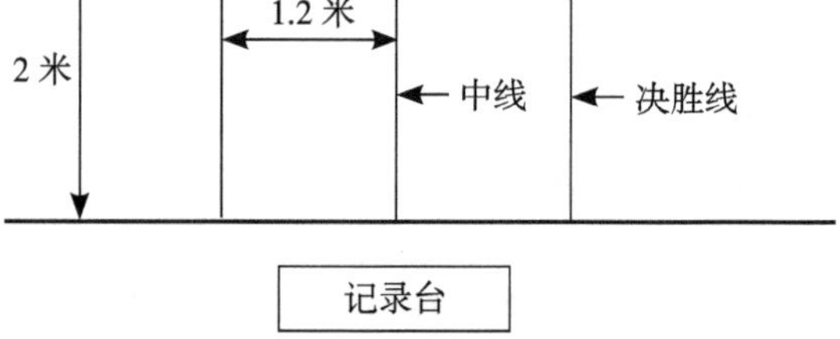

图 4-14　押加比赛场地示意图

（一）界线

比赛场地应有明显的标线，两条长边为运动员比赛限制线。各线宽均为5厘米，场地四周至少2米以内不得有任何障碍物。

（二）中线和决胜线

连接两条边线的中点，画一条与边线垂直的线为中线。距中线两侧各1.2米处，各画一条与中线平行的线为决胜线。

（三）器材

1. 押加带

传统的押加比赛对押加带没有明确规定。这个项目在成为第六届全国少数民族传统体育运动会的竞赛项目之后，才对押加带有了明确规定。如今，押加比赛所用的押加带长度为6.5米，用红色绸缎（幅宽1.2 ~ 1.6米）制成。押加带两端呈圆环形，圆环周长为1.0 ~ 1.1米。押加带中间系一条可移动的并有适当重量的坠条，作为判定胜负的标志。

2. 护垫

护垫为长30厘米、宽15厘米、厚2厘米的海绵，以软布包裹后，固定在押加带两端圆环处的受力处，用于保护脖颈。

3. 标志带

标志带为两种不同颜色，是用于鉴别双方运动员的比赛绸带。

二、比赛方法

（一）比赛制度和比赛场次

（1）比赛可采用循环制或淘汰制，每场比赛为三局两胜制。

（2）比赛前裁判员要召集双方运动员以抛币的方式选择场地。运动员一天比赛场数不得超过两场，特殊情况除外。场与场之间至少要有30分钟的休息时间。

（二）比赛中的规定

（1）比赛开始前和比赛结束后，双方运动员应相互握手，并与场上裁判员握手致意。

（2）比赛过程中，教练员应坐在指定的座位上。

（3）全场比赛结束时，场上裁判员宣布该场比赛结束后，运动员方可离开比赛场地。

（三）体重分级

男子项目按运动员体重分为55公斤级、61公斤级、68公斤级、76公斤级、85公斤级、95公斤级、110公斤级和110公斤以上级8个级别。目前，全国少数民族传统体育运动会还未设女子押加比赛，故多地开展的女子押加比赛的分级还没有统一标准。

三、犯规、罚则、弃权与申诉

（一）犯规

出现以下情况视为犯规行为：

（1）故意延误比赛。

（2）运动员经检录进入比赛场地后，接受场外递送物品。

（3）双方运动员双手着地后，一方运动员未经裁判员允许，而自行站起。

（4）运动员自行在比赛场地或鞋底涂抹用于增加摩擦力的非大会提供物品（如胶水、口香糖、汗水、唾沫等）。

（5）比赛进行中，双手离地超过5秒钟。

（6）比赛进行中，在处于不利情况下而要求暂停。

（7）比赛进行中，运动员做了不尊重裁判员的行为。

（8）比赛进行中，有意进行，非真实比赛。

（9）比赛进行中，运动员身体任何部位触及边线及边线以外地面。

（二）罚则

凡运动员出现上述犯规情况之一者，根据情节轻重分别给予第一次警告、第二次取消该局或该场，直至全部比赛资格。

如运动员在一局或一场比赛中受到2次警告，则给予取消其该局或该场，直至全部比赛资格，判对方获胜。

比赛进行中，教练员或助手如有不尊重裁判员的行为或干扰比赛，第一次警告，第二次则罚其退出比赛场地。

（三）弃权与申诉

（1）超过检录时间5分钟未到场，按弃权论。

（2）超过比赛开始时间3分钟，不能上场比赛者，按弃权处理。

（3）比赛运动员因伤病而不能参加比赛或要求重新参加比赛，须经大会医生证明，因伤病而不能参加比赛，则判该运动员该场比赛弃权。

（4）比赛进行中，一方因受伤不能继续比赛时，裁判员可暂停比赛，但因运动员受伤而治疗超过5分钟仍不能继续比赛，则判受伤运动员弃权。

（5）比赛进行中，一方遇服装、鞋破损或断裂情况应继续比赛，若该运动员自行终止比赛，则判该运动员弃权。

（6）运动员对裁判员裁决有异议时，由领队或教练员在比赛结束后30分钟内以书面形式向仲裁委员会提出申诉，同时交纳申诉费。仲裁委员会根据仲裁条例做出裁决。

第四节　押加运动裁判方法

一、裁判员基本素质

优秀的裁判员应具备较高的思想素质和业务素质，应当不断学习研究规则，并力求通过自己对规则的理解，使每一场比赛都能在正确的精神指导下进行。因此，裁判员应具备以下几种素质：

（1）严格遵守严肃、认真、公正、准确的基本原则，加强裁判员自身的职业修养，保证比赛安全、顺利地进行。

（2）裁判员要具备良好的心理素质，对比赛要保持一种不带任何感情色彩的冷静态度。任何时候都应集中精力，以确保比赛以外的任何事情都不会分散自己的注意力。

（3）裁判员要认真学习规则、裁判法，精通规则内容，掌握押加比赛规律。对任何违背规则精神和体育道德的行为都应给予正确处罚。

（4）裁判员要具备敏锐的观察能力，快速的判断能力，准确运用规则的能力，妥善处理问题的能力。

（5）裁判员自身要加强体能训练，提高身体素质以适应比赛的需要。

二、裁判人员及其职责

（一）裁判人员

（1）比赛设裁判长1人，副裁判长1～2人，裁判员及助理裁判员若干人。

（2）每场比赛由3名执行裁判员担任裁判工作，其中1人为主裁判员。

（3）辅助人员包括记录员1～2人、检录员2～3人、宣告员1人。

（二）裁判人员职责

1. 裁判长

（1）全面负责押加比赛的裁判工作，保证规则能够贯彻执行。

（2）处理发生于比赛期间（包括规则未做出明确规定）的一切事项。

（3）比赛前对场地和设备进行总的检查。

（4）负责称量体重工作。

（5）遇裁判工作发生问题时，可与裁判员研究提出意见，并及时做出决定。

（6）比赛结束后，负责签署《押加比赛记录表》。（表4–2）

表 4–2　押加比赛记录表

时间：　　年　　月　　日　　时　　分　　　场地：

组别		级别	千克
单位		姓名	
单位		姓名	
比赛成绩		优胜者	

记录员：　　　　　　　裁判员：　　　　　　　裁判长：

（7）如遇特殊情况（大风、大雨等）影响比赛时，可决定是否继续进行比赛。

（8）负责比赛结束后的工作总结。

2. 副裁判长

（1）协助裁判长领导裁判工作。

（2）比赛前，检查比赛场地和用具。

（3）比赛结束后，负责收集记录表并审核《押加比赛记录表》。

（4）在裁判长缺席时，代理裁判长职务。

3. 裁判员

（1）检查运动员服装、鞋等。

（2）比赛前召集双方运动员以抛币的方式选择场地。

（3）当进行第三局比赛时，应重新以抛币的方式选择场地。

（4）宣布比赛开始与结束。

（5）有权暂停和终止比赛。

（6）具有对犯规运动员行使警告和判罚的权力。

（7）具有对教练员及场外运动员的违规行为行使警告和处罚的权力。

4. 记录员

（1）称量体重时负责记录工作。

（2）比赛前认真登记运动员服装颜色及教练员姓名。

（3）按记录表规定，准确填写记录表中双方运动员的得分、犯规等有关情况，并整理出该场比赛的结果。

（4）每场比赛结束后，整理好记录表，并向场上裁判员报告比赛结果。

（5）准确操作计时钟（表），记录比赛中暂停时间等。暂停或比赛终了，应通知场上裁判员。

5. 宣告员

（1）用简练、准确的语言，介绍上场运动员的姓名、级别等，并宣告暂停、比赛结束、比赛结果等。

（2）负责赛场的宣传教育工作。

6. 检录员

（1）比赛前召集运动员点名。

（2）通知运动员入场，并指定运动员比赛的场地。

（3）向裁判长和宣告员报告出场比赛和弃权运动员的姓名。

三、称量体重工作

（1）称量体重应在比赛前 2 小时进行，全部比赛只称量 1 次体重，称量体重工作应在 1 小时内完成。

（2）正式称量体重须在配有下列设备的房间进行。

①比赛用的正式磅秤。

②必要的竞赛表格（表 4–3）、笔等。

③工作人员用的桌椅。

（3）由裁判长 1~2 人、裁判员 2~4 人、记录员 1 人和医生 1 人组成称量体重组，负责称量体重工作。除以上人员外，其他人员一律不得在场。

（4）工作要求。

①每名运动员须在至少 2 名指定裁判员、1 名记录员及裁判长面前称量体重。

表 4–3 押加比赛体重称量表

组别： 级别： 人数： 开称时间： 年 月 日 时

序号	姓名	单位	体重	签名
1				
2				
3				
4				
5				
6				
7				
8				
9				
10				
11				
12				
13				
14				
15				
16				
17				
18				
19				
20				

裁判长： 裁判员： 记录员：

裁判员： 医 生：

②称量体重时，由中间裁判员掌秤，侧裁判员称重，记录员记录，然后共同核实。

③运动员称量体重时，必须持有效证件，经称量体重组核对资格后，方可逐个叫入进行称量。被叫时不在现场的运动员，应安排到最后称量。

④称量体重时，运动员可在同性别裁判员面前裸体或穿内衣裤进行称量。

如称量人员是异性，可在实际称量时适当遮挡。

⑤先由体重轻的级别开始称量，每人称量 1 次。如果称量后运动员体重超过原属级别，并在规定称量时间内达不到报名参赛级别要求，将被取消比赛资格。

四、检录工作

（一）检录工作程序

（1）比赛前 10 分钟，召集运动员到指定位置点名。

（2）检查运动员服装是否符合规则要求，并指定双方运动员的服装颜色或比赛绸带。

（3）通知运动员入场，由执场裁判员带运动员到比赛场地。

（4）向裁判长和宣告员报告出场比赛和弃权运动员的姓名。

（二）检录员工作位置

检录地点一般设在比赛场地入口处并有明显标志，便于运动员顺利进入比赛场地。

五、裁判工作

（一）赛前工作

（1）由裁判长负责组织所有裁判员学习规则，并进行裁判员分工。

（2）制定工作细则，统一判罚尺度。

（3）检查场地器材，进行裁判现场实习。

（4）执场裁判员统一裁判手势、排定循环执场顺序。

（5）记录员熟悉表格填写和名次判断方法等。

（6）检录员与执场裁判员协调运动员带入比赛场地事宜等。

（7）宣告员熟悉广播内容和用语等。

（8）在裁判长领导下完成称量体重工作。

（二）赛中工作

1. 裁判长

（1）现场领导组织裁判员工作，保证比赛符合比赛规则。

（2）遇裁判工作发生问题时，可与裁判员研究提出意见，并及时做出决定。

（3）比赛结束后，负责核查《押加比赛记录表》并签字。

（4）如遇特殊情况（大风、大雨等）影响比赛时，可决定是否继续进行比赛。

（5）有权决定规则中未明确规定的事项。

2. 副裁判长

（1）比赛中协助裁判长领导裁判工作。

（2）比赛结束后，负责收集记录表，审核《押加比赛记录表》，并进行统计、公告。

3. 执场裁判员

（1）负责从检录处将比赛运动员按指定路线带至比赛场地一侧站好，并最后对运动员的服装、鞋具及双手进行检查（擦拭用毛巾由大会统一提供）。

（2）主裁判员示意副裁判员、运动员准备，然后发出“运动员就位”口令并调整坠条于中线位置，另外两位副裁判员分别协助运动员做好准备姿势。

（3）主裁判员鸣哨比赛开始，鸣哨比赛结束，副裁判员举旗示意成功方，主裁判员进行成功和失败的判罚。

（4）运动员交换场地重新进行下一局比赛。

（5）每场比赛结束，审核《押加比赛记录表》并签字。

4. 执场裁判员的工作位置

执场裁判员的工作位置分布示意图见图 4–15。

（三）赛后工作

（1）每场比赛结束后记录员核对比赛记录表，并请主裁判员和裁判长签字。

（2）每单元比赛结束后进行工作小结。

（3）归还器材，做好善后事宜。

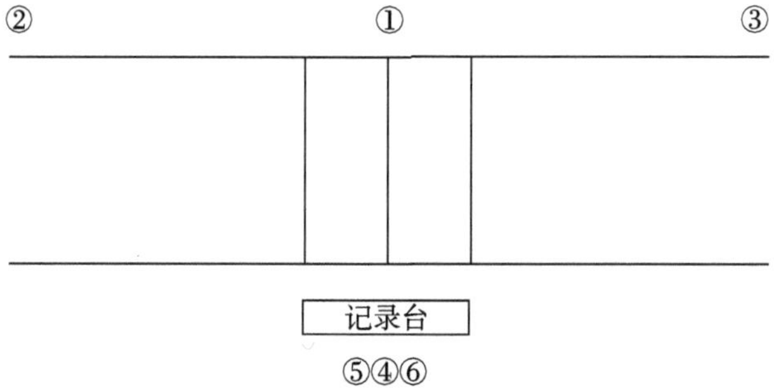

注：①主裁判员；②③副裁判员；④记录员；⑤宣告员；⑥裁判长。

图 4-15　执场裁判员的工作位置分布示意图

六、比赛中的判罚方法

（一）执行判罚裁判

（1）场上执行裁判员有权对运动员的犯规行为进行警告，但判罚均由执行主裁判员执行，对情节严重的可直接终止比赛。

（2）对取消运动员该场比赛资格或全部比赛资格的判罚，执行主裁判员经与裁判长进行研究后，由执行主裁判员宣布执行取消运动员该场比赛资格，取消运动员全部比赛资格由裁判长宣布执行。

（二）准备比赛时

（1）主裁判员发出“运动员就位”口令后，双方运动员按要求做好准备姿势。2 名副裁判员帮助调整运动员位置，保证 2 名运动员距离中线的位置相等。

（2）在主裁判员发出“运动员就位”的口令后，裁判员在调整运动员位置时或主裁判员在调整坠条于中间位置时，对没按要求站位的运动员给予纠正劝告。

（3）在运动员进入场地进行准备时或在主裁判员发出“运动员就位”口令后，或裁判员调整运动员位置时，或主裁判员在调整坠条至中间位置时，若未经裁判员允许，运动员自行在比赛场地或鞋底涂抹用于增加摩擦力的非大会提供物品，主裁判员警告该运动员 1 次。

（4）对不听劝告或故意延误比赛时间者，由主裁判员给予警告或对犯规情节恶劣的运动员有权直接取消该局比赛资格。被第二次警告的运动员，主裁判员则取消该运动员该局或该场比赛资格，判对方胜。

（三）胜负的判罚

（1）运动员就位后，主裁判员鸣短哨开始比赛。当双方任何一方将坠条拉过决胜线，主裁判员则鸣长哨示意该局比赛结束，并宣布某方获胜，然后交换场地继续下一局比赛。

（2）如果比赛一方运动员一局或一场比赛中被警告 2 次，主裁判员用口令和手势宣布对方运动员该局或该场获胜。

（四）比赛时

（1）主裁判员鸣哨开始比赛后，在未决出胜负且裁判员未鸣哨终止比赛的情况下，一方运动员自行站起或主动停止继续比赛，则宣布该局对方胜。

（2）主裁判员鸣哨开始比赛后，有一方运动员双手离地超过 5 秒钟，执场裁判员警告该运动员 1 次。

（3）主裁判员鸣哨开始比赛后，若未经裁判员允许在处于不利情况下而要求暂停者，主裁判员警告该运动员 1 次。

（4）主裁判员鸣哨开始比赛后，运动员身体任何部位触及边线及边线以外地面，主裁判员宣告该运动员该局比赛失败。

（五）对犯规的处罚

（1）运动员出现犯规行为，主裁判员可根据情节轻重分别给予第一次警告、第二次取消该局或该场或全部比赛资格。但取消该场或全部比赛资格，必须报裁判长后，由主裁判员、裁判长分别宣布执行。

（2）在一场比赛进行中，教练员不能进入运动员比赛场地进行指导，教练员或助手若有不尊重裁判员的行为，或干扰比赛，第一次警告，第二次则罚其在一个比赛单元退出比赛场地。

第五节 押加运动教案范例

一、教学进度（24 学时）

（一）理论部分

押加运动理论部分教学进度见表 4–4。

表 4–4 押加运动理论部分教学进度表

课次	教学名称	教学内容	教学重点
第一讲	押加运动发展概况	（1）押加运动起源和发展； （2）押加运动开展情况； （3）押加运动比赛级别	重点讲授押加运动的起源、现状、发展趋势和对促进民族团结与和谐的贡献，使学生能概括地了解押加运动
第二讲	押加运动竞赛工作	（1）竞赛的组织工作； （2）比赛规则、竞赛裁判方法； （3）场地器材规格	重点讲解比赛规则和竞赛裁判方法，使学生初步了解押加运动比赛的组织工作
第三讲	押加运动技战术及教学	（1）基本技术：比赛礼节、比赛姿势、比赛时间、比赛胜负； （2）基本战术； （3）基本教学方法	重点讲解押加运动的基本技术，使学生了解押加运动技术动作方法、动作要领、教学顺序、教学步骤、常犯错误及纠正方法
第四讲	押加运动训练	（1）力量练习； （2）爆发力练习； （3）拉力练习； （4）拉力对抗练习； （5）对抗比赛练习	押加比赛已经成为全国少数民族传统体育运动会的正式比赛项目，比赛竞争激烈，因此，在训练中除了提高运动员的对抗能力之外，还要求运动员有较强的抗干扰能力。本讲重点教授如何提高运动员的力量素质和对抗能力

（二）实践部分

押加运动实践部分教学进度见表 4–5。

表 4–5　押加运动实践部分教学进度表

课次	教学名称	教学内容	教学目标
第五讲	押加运动技术实践	（1）押加运动的预备技术； （2）押加运动的起动技术	（1）掌握押加运动的预备技术； （2）初步学习押加运动的起动技术
第六讲	押加运动技术实践	（1）押加运动的发力阶段； （2）押加运动的发力方式； （3）押加运动的相持技术	（1）巩固与改进押加运动的发力技术； （2）初步学习押加运动的相持技术
第七讲	押加运动训练方法实践	（1）力量练习； （2）对抗练习； （3）专项素质练习	（1）通过杠铃练习锻炼下肢力量； （2）通过跳跃练习提高下肢爆发力及力量转换能力
第八讲	押加运动训练方法实践	（1）技术和对抗练习； （2）辅助肌肉群练习	（1）改进起始发力技术； （2）通过单脚跑等练习提高踝关节的爆发力； （3）通过侧拉重物抗阻力练习提高躯干力量
第九讲	押加运动训练方法实践	（1）技术和腿部力量练习； （2）腿部肌肉群练习	（1）通过拉力带牵拉等动作提高腿部肌肉的力量； （2）通过负重物抗阻力练习提高躯干及腿部力量
第十讲	押加运动训练方法实践	（1）押加运动技术练习； （2）对抗比赛练习	（1）巩固改进押加运动的相持技术； （2）提高对抗能力
第十一讲	押加运动技战术实践	（1）心理素质； （2）训练注意事项； （3）实战练习	（1）掌握押加运动的比赛技战术； （2）熟练运用押加运动的战术
第十二讲	教学比赛	模拟比赛技评考核	（1）巩固押加运动的技战术； （2）进行押加运动的技评考核

（三）学时分配

押加运动理论部分与实践部分学时分配见表 4–6。

表 4–6　押加运动理论部分与实践部分学时分配表

教学内容		学时	教学形式	百分比 /%
理论部分	押加运动发展概况	1	课堂讲授、观看录像等	16.7
	押加运动竞赛工作	1		
	押加运动技战术及教学	1		
	押加运动训练	1		
实践部分	押加运动技术实践	4	教学实践课	75.0
	押加运动训练方法实践	8		
	押加运动技战术实践	2		
	教学比赛	4		
考试		2		8.3
合计		24		100

二、理论部分教案示例

课程名称	押加	课次	略	授课日期	略
授课对象	学生	授课地点	田径馆	教学方式	讲授和讨论
本课题目	押加运动发展概况	使用教材	《押加运动》		
教学目标	（1）初步学习押加运动的背景知识； （2）了解押加运动的概念； （3）了解押加运动起源和发展； （4）了解押加运动开展情况； （5）了解押加运动比赛级别； （6）讨论押加运动与民族文化传承的关系； （7）讨论发展少数民族传统体育项目对民族大团结和文化传承的意义				
重点与难点	教学重点： 了解押加运动项目的发展概况和目前大赛特点；理解少数民族传统体育项目与奥运会项目的异同； 教学难点： 理解体育项目与文化传承的关系				
教学用具	田径馆多媒体教学设备				
教学内容	（1）押加运动起源和发展； （2）押加运动开展情况； （3）押加运动比赛级别				
组织教法	教师教授结合学生分组讨论				
课后小结	略				

三、实践部分教案示例

课次：略　　　　日期：略

课程目标：1. 掌握押加运动的预备技术。

2. 初步学习押加运动的起动技术。

<table>
<tr><th>部分</th><th>时间 / 分钟</th><th>训练内容及训练量</th><th colspan="2">组织教法、要求（图示）</th></tr>
<tr><td>开始部分</td><td>5</td><td>（1）班长集合整队，并报告出勤人数；
（2）师生问候；
（3）教师宣布本课任务及要求</td><td colspan="2">开始队形：
○○○○○○○○○○
□</td></tr>
<tr><td>准备部分</td><td>20</td><td>1. 一般准备活动
（1）热身活动（慢跑 1000 米）；
（2）拉伸（原地拉伸髋关节）；
（3）踢腿练习（3 种 ×30 米 ×2 组）
2. 专项准备活动
（1）行进间提腿（30 米 ×2 组）；
（2）行进间转髋练习（30 米 ×2 组）；
（3）后踢腿跑（30 米 ×2 组）；
（4）自然大步跑（40 米 ×2 组）</td><td colspan="2">练习队形：
****
****
△
教法：讲解示范法
要求：认真练习，动作幅度由小到大
练习队形：
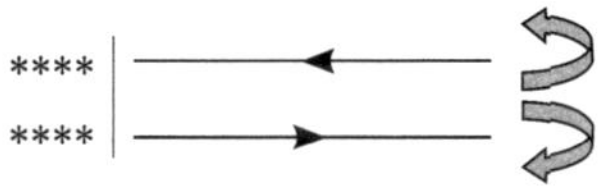
</td></tr>
<tr><td>基本部分</td><td>50</td><td>1. 押加运动的预备技术
2. 押加运动的起动技术</td><td colspan="2">练习要求：
（1）对动作技术的要求要准确到位；
（2）对抗开始注意起始姿势</td></tr>
<tr><td>结束部分</td><td>15</td><td>（1）讲评；
（2）垫上柔韧性练习</td><td colspan="2">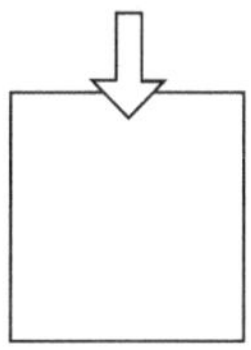</td></tr>
<tr><td colspan="2" rowspan="2">伤病学生安排</td><td rowspan="2">（1）伤病和见习的学生做力所能及的练习；
（2）协助同队队员训练；
（3）记录本课训练内容</td><td>运动量</td><td>小</td></tr>
<tr><td>强度</td><td>中</td></tr>
<tr><td colspan="2">课后小结</td><td colspan="3">略</td></tr>
</table>

四、考核方式

押加运动教学评价主要考核学生的技术掌握程度和比赛能力，兼顾考核学生对基本理论知识和主要技术教法的掌握程度。

（一）考核内容

理论知识约占 30%，技术水平约占 60%，平时成绩约占 10%。

（二）考核方法及要求

1. 理论知识考核

理论知识考核采用作业形式，内容包括竞赛的组织编排、主要技术从不会到会的基本教法、常见错误及纠正方法等，根据作业质量评分。

2. 平时成绩考核

根据学生的学习态度、出勤、回答课堂提问等情况评定成绩。

3. 技术水平考核

比赛姿势、用力方法等考核为 30 分，胜负达标考核为 30 分。

4. 比赛姿势考核标准

四肢着地，重心平稳，押加带两端的圆环放置正确，押加带贴住胸部、腹部外侧从两腿中间经过；双方运动员身体距中线最近点的距离应该相等。

5. 比赛发力考核标准

当听到比赛开始的口令后，运动员用腿、腰、肩、颈及手臂的力量向前爬拉，用力平稳，实效性强。

6. 比赛过程考核标准

动作连贯，节奏感好，对抗性强，无犯规现象。

五、教学要求与注意事项

（一）教学要求

（1）教师应认真研究教学内容，合理安排教学进度，经常交流教学经验。

（2）教师应启发学生学习和练习的主动性和积极性。教师可根据不同年级学生的实际水平，适当增减教学内容。

（3）在条件许可的情况下，教学比赛尽可能采用分组进行的形式，这样既可以调动学生的积极性，又可以培养学生的竞争意识，促进学生的学习和技术交流。

（4）在技术教学中，教师应注意每教一项技术，都要进行教法的总结及常见错误的纠正。

（5）教师应要求学生参加押加比赛规则与裁判方法的学习和考核。

（二）注意事项

（1）注意安全，不可急于求成。在进行教学时，教师一定要科学、合理地安排教学手段，要处理好力量与体重的关系，循序渐进，有张有弛地进行。

（2）教师要精通比赛规则，并让学生学规则、懂规则、用规则。教学时学生能按照规则要求执行，且充分利用规则，注重技术的改进和创新，以便取得较好的成绩。

（3）加强保护，预防损伤，充分放松。研究显示，在平时的训练中，押加运动员的腰部、颈部、膝关节、踝关节容易受伤，因此在教学之前，教师要让学生做好充分的准备活动。对于初学者或动作技术不稳定者，教师可安排低强度、小负荷的训练。同时，学生在训练完后要进行积极放松，如开展自我放松、他人放松、音乐放松等，让自己身心尽快恢复到平静状态，以良好的状态迎接下一次训练，保证教学质量。

第五章　押加运动训练

随着押加技术的进一步巩固与完善，押加比赛对运动员的专项素质提出了更高的要求。押加比赛已经成为全国少数民族传统体育运动会的正式比赛项目，比赛异常激烈，因此，在训练中除了要提高运动员的对抗能力外，还要提高运动员的抗干扰能力。

第一节　押加运动基本技术训练

押加运动技术可分为基本姿势、发力方法、力量相持和防守 4 种基本技术，训练的重点是发展和提高与押加运动相关的绝对力量、力量耐力及协调性、爆发力等身体素质。

在基本姿势中，运动员可根据个人特点采用“蛙式”和“前后”姿势，但必须做到塌腰、伸直上肢、低头压肩，使肩部低于髋，且重心前倾。运动员发力时应在保持基本姿势的基础上，双脚用力蹬地，使重心进一步前移，将押加带绷紧，专心听裁判员发出的比赛信号。当听到比赛开始的信号时，运动员应双脚快速发力蹬地，同时腰、腹紧张用力，双手用力撑地向前方顶肩，颈部紧张，头向前顶。这要求押加运动员在平时多进行抢力反应能力的训练。力量相持技术则用在比赛开始后，如果不能快速战胜对方，就必须采取相持技术，保持好基本姿势，全身继续发力，与对方相持，两腿保持弯曲，眼睛通过胯下观察对方是否移动脚步，通过押加带感觉对方用力是否有变化，在相持中寻找机会，以静制动。当对方出现如移动脚步或调整基本姿势等重心变化时，应抓住机会快速发力，展开进攻。

防守技术是当对方进攻时，本方用于防守的技术。首先，在防守时要保持好自己的基本姿势，最好能做到像一座雕像一样稳住身体，同时尽力抵抗对方，通过眼睛观察和利用押加带感觉来判断对方的移动，为防守反击发力创造条件。其次，若无力反击，可改变基本姿势，两腿伸直，脚尖外转，脚底紧蹬地面，髋部抬高，双肩下压，最大限度地抵抗对手。最后，可利用场地宽度，在对方拉动过程中改变押加带角度来达到抵抗对方的目的。

一、准备阶段技术训练

准备姿势：如图 5–1 所示。

要点：

（1）严格控制体重。

（2）身体各环节精准定位，认真学习与练习。

（3）保持押加带紧贴身体，保持头颈部放松，熟练穿戴程序。

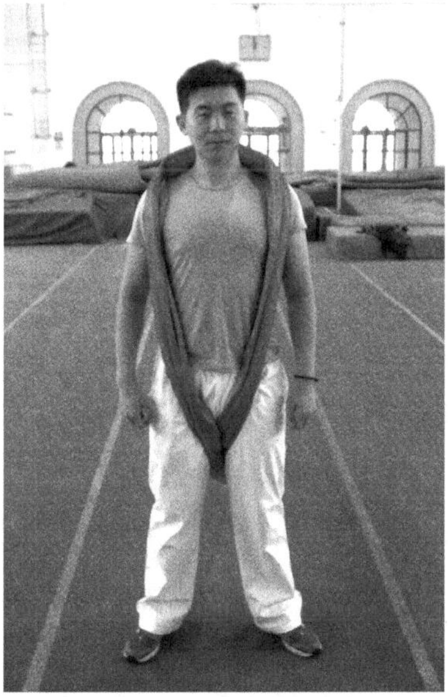

图 5–1 准备姿势

二、预备阶段技术训练

预备姿势：如图 5–2 所示。

要点：

（1）技术动作模式合理准确，始终保持押加带紧贴身体。

（2）四点支撑与身体躯干之间形成最佳间距。

（3）根据运动员自身特点选择适宜的预备姿势，并保持身体稳定。

图 5-2　预备姿势

三、发力阶段技术训练

要点：

（1）采用运动员自身适宜的发力技术。

（2）调整双脚支撑点，使其与地面接触面积最大化。

（3）练习发力时如何控制身体躯干核心部位与重心的稳定性。

（4）采用不同发力技术，爬行过程中手脚配合流畅，以身体重心的起伏角度衡量，并调整每一步爬行步幅的大小。

示例：自重爬行练习。运动员俯身四点支撑，挺胸抬头，颈部放松，髋部与肩部尽量保持在一个平面，进行同顺或对称爬行练习，掌握躯干保持稳定状态下的发力爬行技术。

进阶：可在尾椎附近放置半瓶矿泉水，进行同顺或对称爬行练习，保持水瓶平衡稳定不掉落；体会如何保持身体稳定，控制身体重心角度的起伏；体会发力技术。（图 5-3）

图 5-3 自重爬行练习（进阶）

第二节 押加运动身体素质训练

押加运动对运动员的力量、速度、耐力、协调性和灵敏性都有较高的要求。从训练学角度来看，押加运动属于速度力量型项目，以肌肉工作为主，使人体产生位移，占决定性因素的当属骨骼肌的机能。因此，提高骨骼肌的收缩力量和收缩速度有重要意义。在训练时可练习负重深蹲，进行各种形式的跳跃（如多级跳、节奏跳等），进行一些不断加速、变速和爆发性用力的练习，来提高肌肉爆发力、肌肉耐力等。

一、力量训练

力量素质是指人的机体或机体的某一部分肌肉工作（收缩和舒张）时克服内外阻力的能力。外部阻力是指物体的重量、支撑反作用力、摩擦力，以及空气或水的阻力等。在押加比赛中，支撑反作用力、摩擦力尤为重要。因而，训练时要加强这方面的训练。

（一）上肢力量练习

上肢力量练习主要以增强斜方肌、三角肌、冈下肌、大（小）圆肌和肱三头肌等肌肉力量为目的。在训练中可以杠铃和拉力带为主要器械进行练习。

（1）如图 5-4 所示，练习主要发展斜方肌、大（小）圆肌、肱三头肌等肌肉力量。练习一般为 10 次 1 组，练习 4 组较为适宜。

要求：手臂向后伸展到位，练习速度不宜过快。

图 5-4　上肢力量练习（1）

（2）如图 5–5 所示，练习主要发展三角肌、斜方肌等肌肉力量。练习一般为 6~8 次 1 组，练习 3 组较为适宜。

要求：身体自然直立，双脚左右间距与肩同宽，练习速度不宜过快。

图 5–5　上肢力量练习（2）

（3）如图 5–6 所示，练习主要发展肱二头肌、斜方肌等肌肉力量。杠铃重量为 40~50 公斤，一般为 10 次 1 组，练习 3 组较为适宜。

要求：上体固定，抬头挺胸，练习速度不宜过快。

图 5-6　上肢力量练习（3）

（4）如图 5-7 所示，练习主要发展三角肌、斜方肌等肌肉力量。杠铃重量为 30~40 公斤，一般为 10 次 1 组，练习 4 组较为适宜。

要求：坐姿正确，抬头挺胸，身体不要晃动。

图 5-7　上肢力量练习（4）

图 5-7 上肢力量练习（4）（续）

（二）腰腹力量练习

腰腹力量练习主要以增强腹直肌、腹外斜肌、背阔肌、腹股沟等部位的肌肉力量为目的。在训练中可采用以下方法进行练习。

（1）如图 5-8 所示，练习一般为 30 次 1 组（正面及 2 个侧面各 10 次），练习 4 组较为适宜。

要求：身体支撑点固定，不宜晃动。

图 5-8 腰腹力量练习（1）

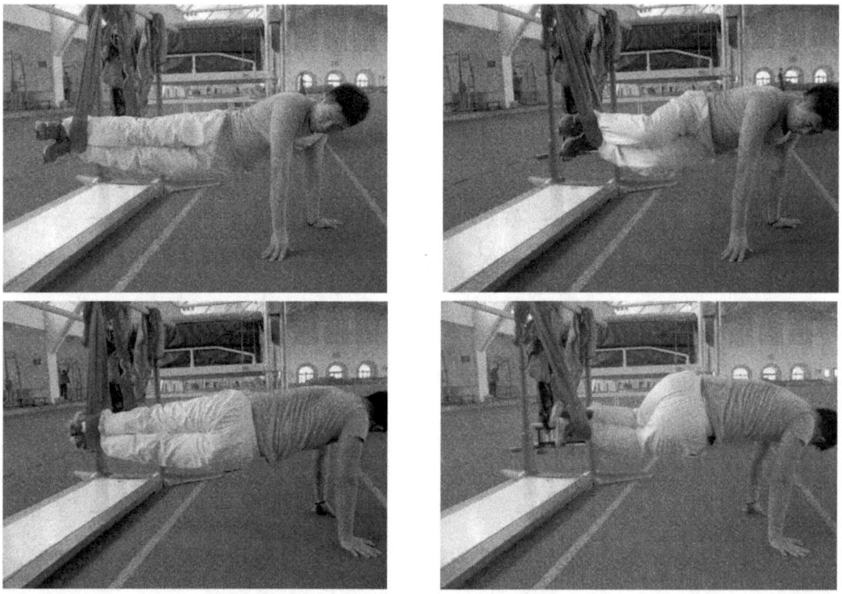

图 5-8　腰腹力量练习（1）（续）

（2）如图 5-9 所示，练习为静立性对抗练习。练习一般为 40~60 秒 1 组，练习 3 组较为适宜。

要求：双腿并拢，身体尽量成一条直线。

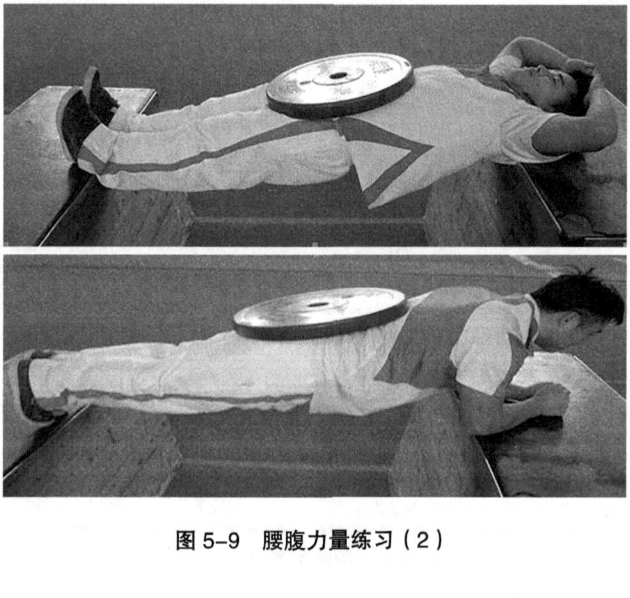

图 5-9　腰腹力量练习（2）

图 5-9 腰腹力量练习（2）（续）

（3）如图 5-10 所示，练习伸—屈为 1 次。练习一般为 3~5 次 1 组，练习 3 组较为适宜。

要求：双腿稍微分开。

图 5-10 腰腹力量练习（3）

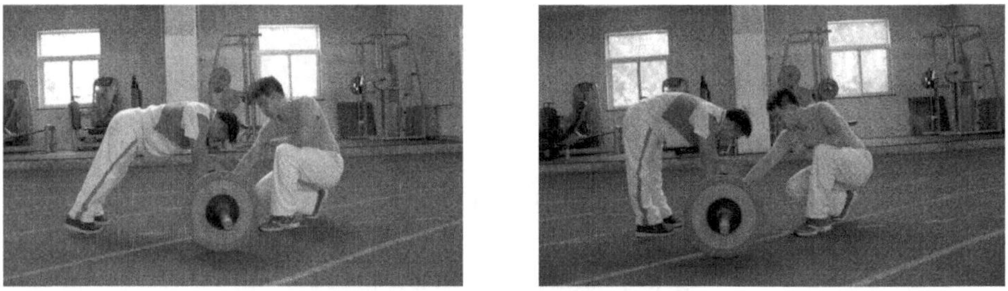

图 5-10　腰腹力量练习（3）（续）

（4）如图 5-11 所示，练习一般为 20~30 次 1 组，练习 4 组较为适宜。

要求：控制住身体，不要前后摆动，腿部上举时尽可能用脚尖触碰设置的支点。

图 5-11　腰腹力量练习（4）

（三）下肢力量练习

下肢力量练习主要以增强臀大肌、股二头肌、腓肠肌、股直肌、股四头肌、腓骨长肌、跟腱等部位的肌肉力量为目的。在训练中可采取以下方法进行练习。

（1）如图 5-12 所示，练习时，不同级别运动员承受的重量有所不同。

要求：抬头挺胸，腰部绷紧不松懈，动作速度下慢起快为佳。

图 5-12 下肢力量练习（1）

（2）如图 5-13 所示，练习 20 米为 1 次，练习 5 次较为适宜。

要求：躯干平行于地面，重心不宜过高，大腿积极前抬。

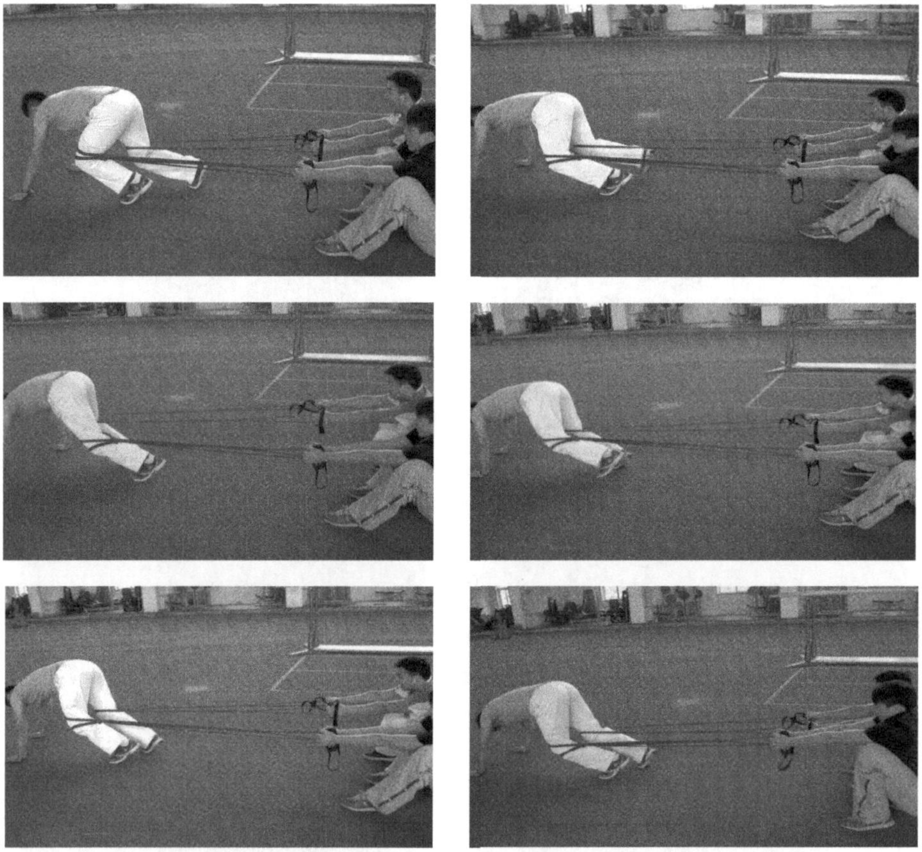

图 5–13　下肢力量练习（2）

（3）如图 5–14 所示，练习时，不同级别运动员承受的重量有所不同。要求：上体紧贴靠椅固定，下肢动作速度较慢为佳。

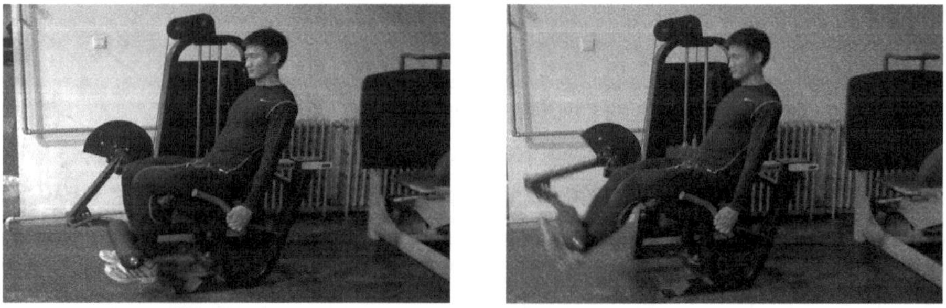

图 5–14　下肢力量练习（3）

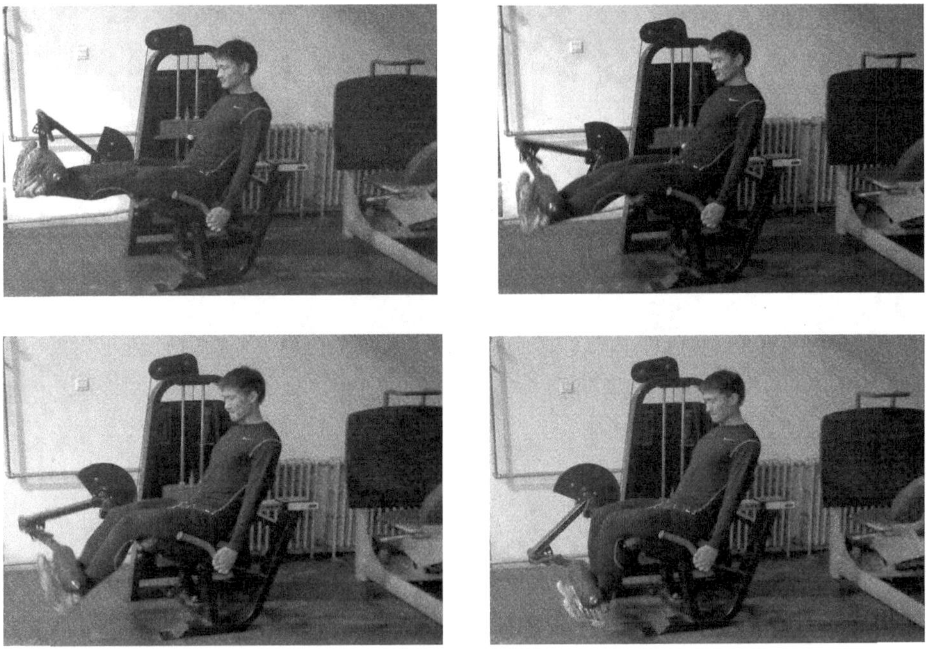

图 5-14 下肢力量练习（3）（续）

（4）如图 5-15 所示，练习时，不同级别运动员承受的重量有所不同。要求：上体平行于地面，下肢动作速度收快放慢为佳。

图 5-15 下肢力量练习（4）

图 5–15　下肢力量练习（4）（续）

（四）整合练习

如图 5–16 所示，练习时，不同级别运动员承受的重量有所不同。也可根据运动员实际情况进行徒手自重练习。

要求：抬头挺胸，目视前方，双脚分开，平行站立，两脚之间距离比肩稍宽；双手（徒手或负重）上举，缓慢做下蹲动作，同时手臂回收于胸前；然后，臀部收紧缓慢蹬升，同时手臂从胸前上举。依次反复练习。15~30 次为 1 组，一般练习 5~8 组。

图 5–16　整合练习

二、爆发力训练

押加运动强调的是克服阻力的爆发力。在训练中可以采用各种形式的速度跑、跳跃练习等来提升爆发力。（图 5–17 至图 5–19）

图 5–17　速度跑练习

图 5–18　跳深练习

图 5–19　连续跳栏架练习

图 5-19 连续跳栏架练习（续）

三、灵敏性训练

灵敏性指在各种突然变换的条件下，运动员不损失身体平衡、力量、速度或身体控制能力，能够迅速、准确、协调地改变身体运动的空间位置和运动方向的能力。灵敏性是一种综合素质，是速度、柔韧、力量等素质的综合反映。灵敏性包括协调性、灵活性和准确性三大基本能力。灵敏性训练可以确保运动员发挥最佳的进攻和防守技巧，同时最大限度地发挥出速度、控制能力，以及减少不必要的动作。

在进行灵敏性训练时，运动员可在标有 4 个方位的标志物中间站立，教练员随机发出前、后、左、右的顺序，运动员根据教练员的指令，双腿并列跳跃完成动作，并接着转为加速跑跑出。

四、耐力训练

耐力训练更多强调肌肉力量和耐力水平，因此，在训练中可采取持续力量素质练习法，如80%强度的多次数、多组数的负重力量练习法，循环练习法，组合练习法等。

五、专项对抗训练

专项对抗训练是根据押加比赛的特点，在提高运动员基本素质及基本技术的前提下，针对竞技比赛的特点及要求而进行的专门性练习。专项对抗训练一般安排在夏季和冬季的训练准备阶段进行，进入竞赛期时此训练应减少。

（一）拉力练习

拉力练习包括俯卧姿势的拖重物走、站立姿势的拖重物跑等。（图 5-20）

图 5-20　拉力练习

（二）拉力对抗练习

拉力对抗练习包括两人对拉、一人对多人对拉、多人对多人的对拉练习等。（图 5-21）

（三）对抗比赛练习

对抗比赛练习方法见图 5-22。

图 5-21 拉力对抗练习

图 5-22 对抗比赛练习

六、训练注意事项

押加运动是一项对抗性很强的项目。因此，运动员在平时训练和比赛时应注意以下几点。

（1）同一体重级别的运动员一起比赛。

（2）注意身体素质和体能训练。

（3）熟悉比赛规则的要求。

（4）增加拉力对抗练习。

（5）注意培养良好的训练和比赛习惯。

第三节　押加运动训练计划范例

科学地制订训练计划可为训练目标的达成提供保障。因此，教练员要对未来的训练活动预先进行设计，通过训练计划，使运动员从现实的状态（包括现在的运动水平、现在的运动成绩、现在的训练状况、现在的心理状况等）向目标接近，从而最终达到竞技比赛的要求，为取得理想的成绩打下基础。

押加运动训练计划应根据比赛的规模和不同级别运动员的具体情况，制订年度和周期的训练计划。

一、年度训练计划范例

以北京体育大学押加队（北京代表队）参加第十一届全国少数民族传统体育运动会训练计划（2018 年 9 月 1 日—2019 年 8 月 30 日）为例。

（一）年度训练安排

第一阶段（2018 年 9 月 1 日—2019 年 1 月 2 日）：基础训练阶段。

第二阶段（2019 年 1 月 3 日—2019 年 4 月 30 日）：提高阶段。

第三阶段（2019 年 5 月 1 日—2019 年 7 月 31 日）：提高巩固阶段。

第四阶段（2019 年 8 月 1 日—2019 年 8 月 30 日）：赛前及比赛阶段。

（二）年度训练任务

第一阶段：提高运动员基础健康水平，恢复运动员专项能力，使运动员初步掌握押加运动技术。

第二阶段：控制运动员体重，发展运动员体能及专项能力，改进和提高运动员押加运动技术。

第三阶段：控制运动员体重，重点提高运动员专项素质及专项技术能力，巩固和提高运动员押加运动技术。

第四阶段：控制运动员体重，巩固运动员专项能力，提高运动员心理认知，实现比赛目标。

二、阶段训练计划范例

押加运动第一阶段训练计划（基础训练阶段）

2018 年 9 月 1 日—2019 年 1 月 2 日

<table>
<tr><td colspan="2">阶段划分</td><td>第一周期
（初期）</td><td>第二周期
（中期）</td><td>第三周期
（中期）</td><td>第四周期
（后期）</td><td>备注</td></tr>
<tr><td colspan="2">时间划分</td><td>2018 年 9 月 1 日—10 月 31 日</td><td>2018年11月1日—11 月 30 日</td><td>2018 年 12 月 1 日—12 月 15 日</td><td>2018年12月16日—2019 年 1 月 2 日</td><td></td></tr>
<tr><td colspan="2">主要任务</td><td>（1）恢复体能状态；
（2）提高身体健康水平；
（3）全面提高身体素质</td><td>（1）全面加强身体素质；
（2）发展专项身体素质；
（3）掌握正确的基本技术</td><td>（1）改进专项技术；
（2）突出专项素质；
（3）培养良好的道德和顽强的意志品质；
（4）学习专项理论</td><td>（1）提高专项身体素质；
（2)提高专项技术；
（3）培养比赛能力及良好的心理素质</td><td>如遇节假日及运动员生病，注意运动员体能及身体健康水平的再恢复</td></tr>
<tr><td colspan="2">基本内容</td><td>（1）计时有氧跑练习；
（2）100 米快 + 100 米慢变速跑练习；
（3）杠铃半蹬起 / 高翻练习；
（4）跨步跳 / 跳深练习</td><td>（1）60 米、100 米计时跑练习；
（2)变速跑练习；
（3）杠铃和拉力带力量练习；
（4）跨步跳 / 单足跳 / 双脚跳台阶练习；
（5）押加运动基本技术练习</td><td>（1）60 米、100 米计时跑练习；
（2）杠铃和拉力带力量练习；
（3）跨步跳 / 双腿跳栏架练习；
（4）押加运动基本技术练习</td><td>（1）100 米计时跑练习；
（2）杠铃和拉力带力量练习；
（3）跨步跳 / 跳深练习；
（4）押加运动基本技术练习；
（5）押加运动裁判规则学习</td><td>根据运动员的身体状况及伤病情况进行调整安排</td></tr>
<tr><td rowspan="3">负荷总量</td><td>量</td><td>中小</td><td>中</td><td>大中</td><td>中</td><td></td></tr>
<tr><td>强度</td><td>小</td><td>大中</td><td>中</td><td>大</td><td></td></tr>
<tr><td>增加或下降</td><td>增加</td><td>下降</td><td>增加</td><td>下降</td><td></td></tr>
<tr><td colspan="2">措施与要求</td><td>措施：练习次数和负重重量由小到中
要求：有氧跑计时并记录原始成绩</td><td>措施：有氧跑计时要在规定时间内完成；力量练习保持中等强度
要求：学习专项技术</td><td>措施：跑量和跳量基本加到最大量；力量练习突出重量
要求：学习专项技术</td><td>措施：进行专项理论学习
要求：加强队员神经系统的恢复，为下一阶段训练打下良好基础</td><td>注意防伤防病</td></tr>
</table>

三、小周期训练计划范例

押加运动周训练课计划（基础训练阶段第三周期第二小周期）

2020 年 12 月 7 日—12 月 12 日

任务	（1）学习和掌握押加运动技术； （2）学习押加运动裁判规则； （3）巩固和提高一般身体素质，加强专项素质			运动量	中	
时间	星期一	星期二	星期三	星期四	星期五	星期六
上午		9:00—11:00 （1）观看押加运动技术录像； （2）柔韧性练习		9:00—11:00 （1）学习押加运动裁判规则； （2）柔韧性练习		9:00—11:00 （1）专项技术练习； （2）按摩放松
下午	15:00—17:30 （1）小肌肉群力量练习（拉力带、绕栏架）； （2）心肺功能适应性练习（100 米变速跑）； （3）按摩放松	15:00—17:00 （1）爆发力速度练习（30 米、60 米计时）； （2）专项技术练习； （3）按摩放松	15:00—17:00 球类活动（灵敏性练习）	15:00—17:00 （1）身体素质练习（上肢、腰腹肌负重练习等）； （2）前后抛实心球； （3）按摩放松	15:00—17:30 （1）力量练习； （2）超等长练习（跳沙坑）； （3）爆发力练习（跨步跳）； （4）按摩放松	

四、周训练计划范例

训练课教案： 1 周 1 次　　授课对象：略　　日　期：略

课程目标		（1）进行本学期训练动员，使学生尽快进入状态； （2）通过有氧训练恢复心肺功能； （3）通过柔韧性练习恢复肌肉和关节的活动能力		总负荷	小
课的部分	时间 / 分钟	内容	方法及要求	强度	
准备部分	30	（1）班长集合整队，并报告出勤人数； （2）师生问候； （3）教师宣布本课任务及要求； （4）训练动员会； （5）慢跑 1 000 米； （6）拉伸柔韧性练习	1. 一般准备活动 （1）慢跑 1 000 米； （2）柔韧性练习 2. 专项准备活动 （1）双脚快速前后换步（6~10 秒）； （2）双脚快速左右移动（6~10 秒）； （3）双脚快速前后移动（6~10 秒） 要求： （1）准备活动由慢到快，逐渐增加运动量； （2）加速跑动作体会协调放松； （3）跨步跳重心高、动作放松	低	
基本部分	80	1. 单腿对侧硬拉 + 单腿蹲起［（10 次 + 8 次）×4 组］ 2. 仰卧两头起 + 背肌两头起［（20 次 +20 次）×4 组］	方法： （1）单腿对侧硬拉时，自然站立，躯干前倾，单腿支撑，另一条腿向后举； （2）单腿蹲起时，双手放胸前，一条腿前伸，另一条腿下蹲； 要求：在进行单腿蹲起时，要注意保持躯干的稳定性，避免出现晃动或者其他代偿动作  方法： （1）仰卧两头起时，双手向前上方伸直，膝关节伸直，通过腹部发力，进行前后移动；	中	

续表

课程目标		（1）进行本学期训练动员，使学生尽快进入状态； （2）通过有氧训练恢复心肺功能； （3）通过柔韧性练习恢复肌肉和关节的活动能力		总负荷	小
课的部分	时间 / 分钟	内容	方法及要求	强度	
基本部分	80	 3. 侧蹲＋双腿蹲＋跪步蹲［（20次＋20次＋20次）×3组］	（2）背肌两头起时，躯干俯卧姿势，双手、双脚协调向上； 要求：在进行两头起动作时，保持双手、双脚节奏   方法： （1）侧蹲时，双脚间距大于双肩宽度，保持不动，向一侧下蹲； （2）双腿蹲时，双脚与双肩同宽，屈髋屈膝下蹲至最大位置； （3）跪步蹲时，向前迈一步，形成跪步姿势，恢复起始动作，交替进行动作； 要求：膝盖尽量不要超过脚尖，膝盖和脚尖朝向一致   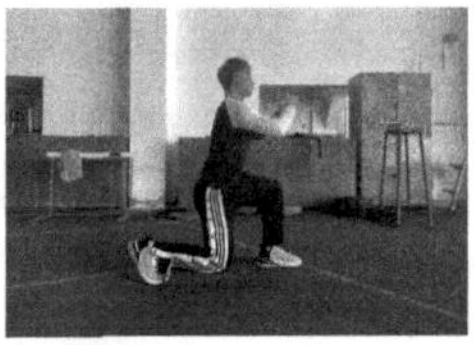	中	

续表

<table>
<tr><td colspan="2">课程目标</td><td colspan="2">（1）进行本学期训练动员，使学生尽快进入状态；
（2）通过有氧训练恢复心肺功能；
（3）通过柔韧性练习恢复肌肉和关节的活动能力</td><td>总负荷</td><td>小</td></tr>
<tr><td>课的部分</td><td>时间 / 分钟</td><td>内容</td><td>方法及要求</td><td colspan="2">强度</td></tr>
<tr><td>结束部分</td><td>10</td><td>（1）整理活动；
（2）本次课小结；
（3）宣布下课，师生再见</td><td>（1）两人相互按摩，进行全身放松；
（2）总结优点，提出不足</td><td colspan="2">低</td></tr>
<tr><td>课后小结</td><td colspan="5">略</td></tr>
</table>

训练课教案：1 周 2 次　　授课对象：略　日　期：略

<table>
<tr><td colspan="2">课程目标</td><td colspan="2">（1）进行本学期训练动员，使学生尽快进入状态；
（2）通过有氧训练恢复心肺功能；
（3）通过柔韧性练习恢复肌肉和关节的活动能力</td><td>总负荷</td><td>中</td></tr>
<tr><td>课的部分</td><td>时间 / 分钟</td><td>内容</td><td>方法及要求</td><td colspan="2">强度</td></tr>
<tr><td>准备部分</td><td>30</td><td>（1）班长集合整队，并报告出勤人数；
（2）师生问候；
（3）教师宣布本课任务及要求；
（4）训练动员会；
（5）慢跑 1000 米；
（6）拉伸柔韧性练习</td><td>1. 一般准备活动
（1）慢跑 1000 米；
（2）柔韧性练习
2. 专项准备活动
（1）超人拉伸（30 米）；
（2）燕式平衡（30 米）；
（3）抱膝提踵（30 米）；
（4）跨步跳（30 米）
要求：
（1）准备活动由慢到快，逐渐增加运动量；
（2）加速跑动作体会协调放松；
（3）跨步跳重心高、动作放松</td><td colspan="2">低</td></tr>
<tr><td>基本部分</td><td>80</td><td>1. 俯卧撑收腿（20 次各侧 ×3 组）

2. 负重深蹲（20 次 ×3 组）</td><td>方法：成标准俯卧撑姿势，一侧腿弯曲抬起，膝关节指向支撑手，然后恢复起始姿势，两侧交替进行；
要求：在做动作时一定要注意核心收紧，控制平衡

方法：双手负重，双脚略宽于肩，屈髋屈膝蹲至最低点；
要求：核心收紧，两眼目视前方
</td><td colspan="2">中</td></tr>
</table>

续表

<table>
<tr><td colspan="2">课程目标</td><td colspan="2">（1）进行本学期训练动员，使学生尽快进入状态；
（2）通过有氧训练恢复心肺功能；
（3）通过柔韧性练习恢复肌肉和关节的活动能力</td><td>总负荷</td><td>中</td></tr>
<tr><td>课的部分</td><td>时间 / 分钟</td><td>内容</td><td>方法及要求</td><td colspan="2">强度</td></tr>
<tr><td>基本部分</td><td>80</td><td>3. 对墙前抛实心球（20 次 ×4 组）</td><td>方法：自然站立或跪姿，面向投掷方向；持球于脑后，两臂稍弯；如站立姿势，双脚可平行站立，也可采用前后站立；预摆上体后仰，为加速球的摆速，身体形成反弓形，配合呼吸；腰腹绷紧发力，蹬腿送髋，双臂从头顶前摆发力，突出手臂的鞭打动作，将实心球掷出；
要求：核心收紧，注意蹬腿，手臂放松</td><td colspan="2">中</td></tr>
<tr><td>结束部分</td><td>10</td><td>（1）整理活动；
（2）本次课小结；
（3）宣布下课，师生再见</td><td>（1）两人相互按摩，进行全身放松；
（2）总结优点，提出不足</td><td colspan="2">低</td></tr>
<tr><td>课后小结</td><td colspan="5">略</td></tr>
</table>

训练课教案：1 周 3 次　　授课对象：略　日期：略

<table>
<tr><td colspan="2">课程目标</td><td colspan="2">（1）进行本学期训练动员，使学生尽快进入状态；
（2）通过力量训练恢复身体肌肉力量；
（3）通过柔韧性练习恢复肌肉和关节的活动能力</td><td>总负荷　中</td></tr>
<tr><td>课的部分</td><td>时间 / 分钟</td><td>内容</td><td>方法及要求</td><td>强度</td></tr>
<tr><td>准备部分</td><td>30</td><td>（1）班长集合整队，并报告出勤人数；
（2）师生问候；
（3）教师宣布本课任务及要求；
（4）训练动员会；
（5）慢跑 1 000 米；
（6）拉伸柔韧性练习</td><td>1. 一般准备活动
（1）慢跑 1 000 米；
（2）柔韧性练习
2. 行进间徒手操
（1）绕环运动（60 米）；
（2）振臂运动（60 米）；
（3）体转运动（60 米）
要求：
（1）准备活动由慢到快，逐渐增加运动量；
（2）加速跑动作协调放松；
（3）跨步跳重心高、动作放松</td><td>低</td></tr>
<tr><td>基本部分</td><td>80</td><td>1. 高翻（12 次 × 5 组）</td><td>要求：
（1）示范并讲解动作要求，重点强调身体的配合；
（2）控制每组的间歇时间

</td><td>中</td></tr>
</table>

续表

<table>
<tr><td colspan="2">课程目标</td><td colspan="2">（1）进行本学期训练动员，使学生尽快进入状态；
（2）通过力量训练恢复身体肌肉力量；
（3）通过柔韧性练习恢复肌肉和关节的活动能力</td><td>总负荷　中</td></tr>
<tr><td>课的部分</td><td>时间/分钟</td><td>内容</td><td>方法及要求</td><td>强度</td></tr>
<tr><td rowspan="2">基本部分</td><td rowspan="2">80</td><td>2. 跳箱练习（20次 ×4组）</td><td>要求：
（1）讲解练习要求和技术要求，规范技术动作，强调完成质量；
（2）做好安全措施，防止受伤；
（3）注意技术要规范，动作要连贯</td><td rowspan="2">中</td></tr>
<tr><td>3. 垫上放松柔韧性练习</td><td>要求：
（1）以静态拉伸为主，动态拉伸和静态拉伸结合进行；
（2）练习时依每个队员的实际情况，掌握练习的幅度、力度和持续时间</td></tr>
<tr><td>结束部分</td><td>10</td><td>（1）整理活动；
（2）本次课小结；
（3）宣布下课，师生再见</td><td>（1）两人相互按摩，进行全身放松；
（2）总结优点，提出不足</td><td>低</td></tr>
<tr><td>课后小结</td><td colspan="4">略</td></tr>
</table>

参考文献

[1] 北京市民族传统体育协会,北京体育大学.民族传统体育集锦[M].北京:北京体育大学出版社，2009.

[2] 张涛.中国少数民族传统体育文化生态学研究［M］.北京：中央民族大学出版社,2008.

[3] 赵静冬.少数民族传统体育学科体系建设研究［M］.昆明：云南人民出版社,2010.

[4] 方桢.我国民族传统体育发展走向探析［J］.云南民族大学学报：哲学社会科学版，2004，21（2）：152-155.

[5] 北京市民族传统体育协会，北京体育大学.民族传统体育100例[M].北京：北京体育大学出版社，2006.

[6] 国家民族事务委员会文化宣传司，国家体育总局群众体育司.少数民族传统体育项目竞赛和表演规则及裁判法:2018年修订版［M］.沈阳：辽宁民族出版社，2018.

附录　押加运动知识题库

（一）填空题

（1）押加运动起源于我国________族民间，已有百余年的历史。

（2）押加这项民族传统体育项目在第_____届全国少数民族传统体育运动会中被列为比赛项目。

（3）在日常教学中，押加运动的比赛形式一般有颈力比赛、腰力比赛、手力比赛和__________。

（4）押加比赛应在平整的硬质地面上进行。比赛场地为____方形，长____米、宽____米。

（5）押加运动属于健身力量型运动项目，因此骨骼肌的机能是决定性因素，要求参赛者必须有很好的_____力。

（6）押加比赛所用的绳子长度为_____米。

（7）在比赛进行中，一方运动员因伤不能继续比赛时，裁判员可终止比赛，但终止时间累积不能超过_____分钟。

（8）比赛进行中，双手离地超过____秒，即视为犯规。

（9）如果运动员在一局或一场比赛中受到 2 次_____，则给予取消其该局或该场比赛资格，直至全部比赛资格。

（10）押加比赛可分为_____、_____或_____，不同的比赛其参赛人数有不同的要求。

（11）1998 年 12 月在_____（国家）举办的世界民间民族传统体育文化节上，中国_____（省）代表团向世界展示了这一运动。

（12）押加运动的基本姿势是双脚左右分开，比肩稍宽，双脚脚尖向外，与正前方各成______度角，双腿弯曲。

（13）押加运动的技术训练可分为______、______、______、______4种基本技术。

（14）在基本姿势中，运动员可根据个人不同的特点采用____和____姿势，但必须做到塌腰、上肢伸直、低头压肩，使肩部低于髋，且重心前倾。

（15）标志带为______种不同颜色，是用于鉴别双方运动员的比赛绸带。

（16）比赛可采用______制或淘汰制，每场比赛为三局两胜制。

（17）运动员一天的比赛场数不得超过两场，特殊情况除外。场与场之间至少要有______分钟的休息时间。

（18）在押加比赛中，运动员一般采用______和______两种常用战术。

（19）押加裁判员要严格遵守严肃、认真、______、______的基本原则，加强裁判员自身的职业修养，保证比赛安全、顺利地进行。

（二）判断题

（1）在全国少数民族传统体育运动会上，押加比赛按参赛运动员的体重分为55公斤级、65公斤级、75公斤级、80公斤级、80公斤以上级5个级别。（　　）

（2）称量体重应在比赛前1小时进行，全部比赛只称量1次体重。（　　）

（3）比赛进行中，运动员身体任何部位触及边线及边线以外地面者，即算犯规。（　　）

（4）双方运动员在比赛进行中，在处于不利情况下而要求暂停，即算犯规。（　　）

（5）称量体重先从体重轻的级别开始，每人称量2次。（　　）

（6）如称量后运动员体重超过原属级别，并在规定称量时间内达不到报名参赛级别要求，将被取消比赛资格。（　　）

（7）比赛进行中，教练员（助手）如有不尊重裁判员的行为或干扰比赛，将被直接罚出比赛场地。（　　）

（8）对于超过检录时间10分钟未到场的运动员，按弃权处理。（　　）

（9）比赛进行中，一方遇服装、鞋破损或断裂情况应继续比赛，若该运

动员自行终止比赛，则判该运动员弃权。（　　）

（10）运动员对裁判员裁决有异议时，由领队或教练员在比赛结束后30分钟内，以书面形式向仲裁委员会提出申诉，同时缴纳申诉费，仲裁委员会根据仲裁条例做出裁判。（　　）

（11）连接两条边线的中点，画一条与边线垂直的线为中线。（　　）

（12）距中线两侧各1.5米处，各画一条与中线平行的线为决胜线。（　　）

（13）场地的丈量应从界线的内沿量起。（　　）

（14）在进行腰力比赛，双方运动员面对面比赛时，不能用手抓押加带；背对背比赛时，可以用手抓押加带，甚至还可以用手助拉，不算犯规。（　　）

（15）在藏语里，“押”是“拉”的意思，“加”是“脖子”，顾名思义，“押加”就是“用脖子拔河”。（　　）

（16）在比赛过程中可能出现相持阶段，这种运动模式决定了比赛时的能量代谢特点是无氧代谢供能。（　　）

（17）在押加训练中除了应提高运动员的对抗能力外，还应要求运动员有较强的抗干扰能力。（　　）

（18）在比赛进行中，一方运动员因伤但未分胜负情况下，裁判员可暂停和终止比赛。（　　）

（19）暂停时间累计不能超过5分钟，如5分钟内不能继续比赛，裁判员可终止比赛。（　　）

（20）在每局比赛中，比赛的开始、停止、结束均由场上裁判员发出指令。（　　）